# Gary Haynes

## à procura do amor da sua vida

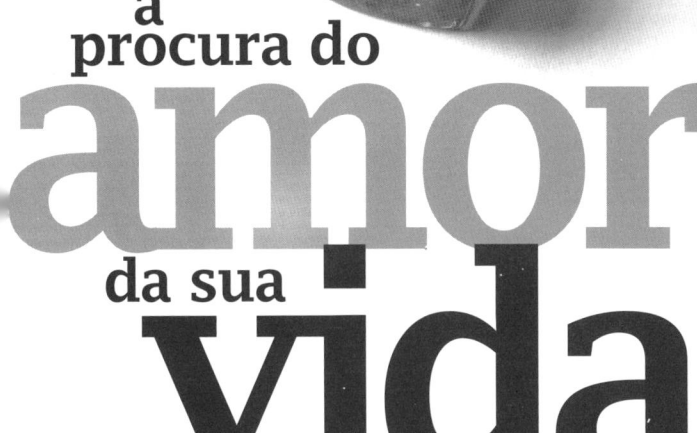

# Gary Haynes

**EDITORA Atos**

## à procura do amor da sua vida

```
  Haynes, Gary
S237   À procura do amor da sua vida / Gary Haynes.
  Belo Horizonte: Editora Atos, 2006.
    72 p.

  ISBN: 85-7607-079-0


  1. Amor e afeto 2. Casamento 3. Conduta de vida
  4. Ensino bíblico I. Título


CDU: 177.61                                    CDD: 155.645
```

Índice para catálogo sistemático:
1. Amor e afeto: Casamento: Guia de vida cristã   155.645

Copyright © 2006 por Gary Haynes

*Revisão*
Walkyria Freitas

*Capa*
Cláudio Souto

1ª edição – Setembro de 2006
2ª edição – Abril de 2010

É proibida a reprodução total ou parcial, sem permissão, por escrito,
dos editores. Todos os direitos reservados a **Editora Atos Ltda**.

Caixa Postal 402
30161-970 Belo Horizonte MG
Telefone: (31) 3025-7200
www.editoraatos.com.br

# Sumário

**Prefácio** ........................ 7

**1.** Deus manda, ou eu tenho que encontrar? ....................... 9

**2.** Podemos ser amigos? ............. 21

**3.** Estourando balões ............... 33

**4.** E minha alma gêmea? ............. 43

**5.** Não há ninguém aqui nessa caverna ... 53

**6.** Calma, sua bênção está a caminho .... 61

**7.** Deus criou você com um propósito ... 67

# PREFÁCIO

Todo mundo que eu conheço sonha em viver um grande amor. De um modo geral, as mulheres conseguem expressar esse desejo de uma forma mais aberta e livre, mas o fato é que os homens também alimentam esse sonho, mesmo que seja de forma camuflada. As pessoas crescem pensando em ter alguém para compartilhar aspirações, experiências, alegrias e conquistas. Elas querem encontrar sua cara metade, sua alma gêmea. E a verdade é que mais de 90 por cento das pessoas alcançam esse objetivo.

Mas algumas irão permanecer solteiras a vida toda, seja para investirem sua vida na obra de Deus, em alguns casos raros, por causa da carreira ou para cuidar dos pais. Mas a grande maioria irá encontrar alguém para compartilhar a vida. E porque essa escolha pode trazer grande felicidade ou acabar em desgraça e angústia, é muito importante saber agir da forma certa desde o início da procura por aquela pessoa especial.

Existe um método para encontrar o amor da sua vida? Há alguma técnica que funciona? Formula mágica não tem, infelizmente, mas o que tenho para compartilhar com você é algo melhor!

Nesse livro você irá desvendar princípios, baseados na Palavra de Deus, que o ajudarão a realizar seu sonho, a encontrar a "mina de ouro", o grande amor da sua vida. Aqui você encontrará preceitos testados e bem-sucedidos que já ajudaram inúmeras pessoas ao redor do mundo, e durante gerações, a encontrar alguém que é o encaixe perfeito de Deus para juntos formarem a base de um casamento e uma família feliz.

Nas suas mãos está algo que é mais do que um livro: é um guia para sua futura felicidade. Leia de forma ponderada, pensando em como poderá aplicar esses princípios milenares. Você vai se empolgar com o resultado.

Você pode, sim, viver o sonho: pode encontrar o amor da sua vida!

# 1

## Deus manda, ou eu tenho que encontrar?

# 1

## DEUS MANDA, OU EU TENHO QUE ENCONTRAR?

O maior sonho das pessoas é claro e praticamente universal: ter alguém que possa amar e que devolva o amor que lhe foi dedicado na mesma medida. Logo após ser criado pelo Senhor Deus, Adão já sentia queimando dentro de si o desejo de ter uma companheira para dividir os dias e estar nos seus braços durante todas as noites. Ele estava só, e ansiava por uma mulher com quem pudesse compartilhar o que sentia no fundo da alma.

O próprio Senhor viu essa carência no homem, e disse: "Então o Senhor Deus declarou: 'Não é bom que o homem esteja só; farei para ele alguém que o auxilie e lhe corresponda'" (Gn 2.18).

*Adão estava só, e ansiava por uma mulher com quem pudesse compartilhar o que sentia no fundo da alma.*

Mas para Adão foi extremamente fácil, pois Deus providenciou para ele uma companheira ideal, a mulher mais linda da face da terra! E porque não existia o pecado ainda, podemos dizer que Eva era a mulher perfeita!

Que homem abençoado o Adão, não é? Deus lhe deu uma esposa linda, inteligente, talentosa e absolutamente perfeita. E ele não precisou correr atrás e nem conquistá-la: Deus lhe deu Eva de presente, "de bandeja". E Eva, por sua vez, não precisou esperar pelo príncipe encantado: após ser criada, ele já estava ali ao seu lado, prontinho. Alto, forte, bonito, educado, atencioso, ele era tudo!

*Que homem abençoado o Adão, não é? Deus lhe deu uma esposa linda, inteligente, talentosa e absolutamente perfeita.*

Após entrar o pecado na terra, tudo se complicou. O mundo deixou de ser de pessoas perfeitas para se tornar um mundo de pessoas falíveis, como é até hoje. Mas a boa notícia é que ainda é possível sonhar com alguém para ser seu companheiro, para desfrutar a vida junto com você.

E do mesmo jeito que Deus se importou com o bem estar de alma de Adão, se importa com o seu e tem um plano para que você tenha uma vida feliz e abençoada. Deus quer ajudá-lo a encontrar um cônjuge que o complete, compartilhe suas alegrias e o console nos momentos de tristeza.

Mas surge a grande questão: como procurar e encontrar essa pessoa, o amor da sua vida? E a próxima pergunta, que muito freqüentemente ouço, é: "Deus vai mandar o meu escolhido, ou eu tenho que encontrar"?.

Muitas pessoas estão confusas sobre quem é o responsável pela busca. Podem descansar em silêncio e fé, esperando que o amor da sua vida apareça do nada; que "caia do céu"? É preciso tomar a iniciativa e fazer alguma coisa para isso acontecer?

*O amor da minha vida vai aparecer do nada, ou cair do céu"? É preciso tomar a iniciativa e fazer alguma coisa para isso acontecer?*

É na lama atoladora dessa incógnita que muitos estão presos, sem saber como agir. Não sabem se devem adotar uma postura de esperar em Deus, passivamente, ou se podem tomar as rédeas nas próprias mãos e fazer a coisa acontecer por conta própria. As duas idéias são excessivas, e somente levarão a frustração.

A verdade bíblica não é nem um extremo nem outro, mas a combinação das duas idéias num equilíbrio poderoso. Você deve procurar, mas também descansar em Deus.

Provérbios 18.22 diz:

> Quem encontra uma esposa
> encontra algo excelente;
> recebeu uma bênção do Senhor.

Considero fascinante essa passagem, pois o termo "encontra" é empregado duas vezes, e o recebimento do favor do Senhor, uma vez. Amo esse versículo, porque dele também podemos extrair várias pepitas de ouro.

Primeiro, Deus está dizendo que o casamento é uma bênção. Ele quer que você tenha alguém para andar de mãos dadas durante todo o seu tempo aqui na terra. Ele também se importa com essa área da sua vida. Não é um assunto pequeno demais para o Senhor demonstrar sua direção e cuidado. Excetuando algumas pessoas que têm o dom de viver solteiras servindo a Deus, o plano dele é que você se case e constitua uma família feliz.

Nesse texto de Provérbios podemos ver também algo deslumbrante: o segredo é uma combinação de coisas. Você precisa achar, ou ser encontrado, e, ao mesmo tempo, Deus estará dirigindo seus passos. Claro que para o Senhor realmente dirigir o seu caminho, você precisa pedir que Ele aja.

Deus respeita o livre arbítrio do homem. Ele não vai impor a sua vontade, e espera que você se abra para ouvir a voz e a liderança do Espírito Santo. Mas se pedir a orientação e direção divina, Ele vai dar! Porém, ao mesmo tempo em que pede e aguarda o encaminhamento e confirmação de Deus, você precisa também fazer a sua parte, e procurar.

Muitas vezes, nossa forma de enxergar Deus atuando é ficarmos antenados apenas para o estrondoso. Esperamos ver relâmpagos no céu e uma voz de trovão falando.

Deus, às vezes, fala conosco de uma forma sobrenatural. Isso acontece de verdade mas, de um modo geral, é exceção. O modo normal que Ele usa para falar conosco é muito mais discreto, através de sua voz em nossos corações e colocando paz em nossa alma.

*Como sabermos que Deus está no controle do assunto, e não é apenas a nossa vontade imperando?*

Só que essa área da nossa vida é tão carregada de emoções intensas que é mais fácil ficarmos confusos, ouvindo nossos sentimentos e não a direção de Deus. Como sabermos que Deus está no controle do assunto, e não é apenas a nossa vontade imperando?

Existe uma velha história que ilustra essa questão de forma contundente. Um homem estava em sua casa quando caiu uma grande tempestade, inundando tudo. O nível da água dentro de casa chegou rapidinho bem acima dos joelhos dele.

Ao chegar à porta da frente, tentando sair, o homem se deparou com um de seus vizinhos e sua família, dentro de um barquinho de alumínio que era usado para eventuais pescarias. "Entre aqui. Tenho espaço para levá-lo embora conosco. Essa tempestade vai ficar ainda pior", gritou o vizinho. "Obrigado", o homem respondeu. "Vou ficar por aqui mesmo, pois Deus falou que vai me salvar".

Após insistir mais um pouco, o vizinho bom samaritano se despediu, desejou boa sorte e foi embora com sua família.

Algum tempo depois a tempestade piorou. O nível da água já estava tão alto que o homem teve que ficar sentado na beira do telhado para não ser coberto pela água.

Então, surgiu um barco de resgate, e ele foi convidado a entrar e se salvar. O homem novamente disse não, pois Deus havia falado que iria salvá-lo. Após muita insistência a equipe de resgate foi embora, à procura de outras pessoas mais dispostas a receberem ajuda.

O nível da água elevou tanto que o homem precisou subir ainda mais, chegando ao ponto mais alto do telhado. Nesse momento desesperador apareceu um helicóptero, que desceu uma escada móvel para que ele pudesse ser resgatado. Ele acenou que não e repetiu que não queria ajuda, pois Deus tinha falado que iria salvá-lo.

O temporal não diminuiu, as águas caudalosas encobriram a casa e o homem terminou morrendo afogado.

Quando chegou ao céu, encontrou um anjo e perguntou: "Escuta, por que Deus não me salvou? Ele disse que iria me salvar, mas permitiu que eu morresse afogado". O anjo respondeu: "Não. De jeito nenhum. Deus mandou dois barcos e um helicóptero, mas você recusou a ajuda de todos".

Essa história ilustra bem a forma como muitas vezes agimos na área sentimental: Deus está atuando, respondendo ao pedido, mas nós ficamos esperando os relâmpagos e perdemos a bênção que Ele estava mandando.

> *Deus está atuando, respondendo ao pedido, mas nós ficamos esperando os relâmpagos e perdemos a bênção que Ele estava mandando.*

Um dos meus melhores amigos, Estevão, descobriu isso a tempo e foi grandemente abençoado. Ele procurava o tchan, a faísca de paixão em suas candidatas. Esperava algo como acontece nos filmes, com fogos de artifício explodindo no ar para ter certeza de quem era a sua escolhida.

Estevão passou alguns anos procurando, e cada vez se frustrava mais e mais. Namorou moças lindas, mas nunca viu os fogos de artifício, nunca sentiu a faísca que tanto esperava e também nunca ouviu Deus falar numa voz de trovão com relâmpagos no céu, dizendo: "Essa é a sua escolha".

Durante todo esse tempo, Estevão tinha uma amiga muito chegada, chamada Amanda, com a qual sempre chorava suas mágoas da busca incessante por sua princesa. Ela sempre o encorajava, dizendo que Deus estava no controle, que iria ajudá-lo.

Um dia, meu amigo se abriu com sua mãe, uma mulher de Deus muito sábia, e compartilhou como se sentia frustrado. Ela perguntou: "Meu filho, que tipo de mulher você procura? Quais as qualidades que espera encontrar em sua futura esposa?".

Estevão começou a listar para a mãe o que procurava: "Eu quero que minha futura esposa seja íntegra e meiga como a Amanda. Quero uma mulher que tenha um compromisso com Deus idêntico ao que a Amanda tem. Ah! E que possua um belo sorriso, igual ao da Amanda". Aos poucos, ele descreveu o que buscava numa esposa e, sem perceber, em quase todos os pontos, usou a sua amiga como exemplo, como referencial.

Quando Estevão terminou de falar, sua mãe olhou firmemente para ele e disse: "Seu bobo, a Amanda tem todas as qualidades que você procura numa esposa, por que ainda não pensou nela?".

Depois da conversa, Estevão começou a ponderar sobre as palavras de sua mãe, num tempo de reflexão a sós com Deus, e chegou a conclusão que o único problema de pensar em Amanda como sua esposa era que não tinha visto os fogos de artifício que tanto esperava. Aí, a "ficha caiu", e ele compreendeu que fogos de artifício e relâmpagos não eram necessários!

Ao refletir mais, percebeu que próximo a ele, há tempos, estava a mulher que Deus tinha preparado para ser sua esposa! Ele descobriu que Amanda era o grande amor da sua vida e simplesmente tinha sido cego demais para descobrir!

O final da história é muito bonito. Estevão e Amanda estão casados há mais de quinze anos, têm três lindos filhos, estão muito apaixonados um pelo outro e vivem uma vida conjugal muito feliz. Quando Estevão parou de buscar o amor da sua vida da forma errada, e enxergou como procurar dentro dos princípios bíblicos, descobriu o amor que tanto procurava.

Deus também quer ajudá-lo a encontrar seu futuro cônjuge. Mas existem alguns princípios que você precisa colocar em ação para que isso aconteça. Nos próximos capítulos, vamos fazer uma viagem de descoberta desses princípios bíblicos tão fascinantes. Você está pronto?

# 2

# PODEMOS SER AMIGOS?

# 2

# PODEMOS SER AMIGOS?

Minha irmã Rebecca sonhava se casar. Ela sempre orava pedindo a Deus direção e que Ele encaminhasse a pessoa certa para que pudesse viver um grande amor. Rebecca cursou um seminário teológico porque tinha um chamado especial, e colocava Deus em primeiro lugar em todos os seus planos e projetos de vida.

Mas com o passar dos anos, às vezes, ela sentia que não estava dando certo. Ainda não tinha aparecido "a resposta de oração", o homem de Deus que tanto queria como seu marido. Ela havia dedicado tudo a Deus, mas onde estava a realização de seus sonhos? Onde estava a sua cara metade que tanto esperava? Ela estava bem perto dos 30 anos, e ainda nada. Tinha namorado alguns rapazes, mas ninguém se confirmava como a pessoa certa.

Rebecca tinha um amigo constante dos tempos do seminário, chamado Paul. Eles conversavam bastante sobre suas tentativas de acertar nessa área, e um sempre encorajava o outro.

*Ela havia dedicado tudo a Deus, mas onde estava a realização de seus sonhos? Onde estava a sua cara metade que tanto esperava?*

Eu via uma afinidade tão grande entre os dois que, um dia, em particular, perguntei a minha irmã: "E o Paul, já pensou nele como candidato a seu futuro marido?". Ela logo respondeu que Paul era somente seu amigo e que não nutria esse tipo de sentimento por ele. Mas mesmo assim eu a aconselhei a orar sobre o assunto.

Em um outro dia, tempos depois, encontreime com Paul e lhe fiz a mesma pergunta. A resposta dele foi quase idêntica a da minha irmã, e eu lhe dei o mesmo conselho que havia dado a Rebecca.

Longe de mim ser um casamenteiro, mais eu realmente estava sentindo que aquele possível relacionamento era algo vindo de Deus.

Quando a amizade é grande entre um rapaz e uma moça, é muito comum os dois pensarem assim: "É só meu amigo, ou minha amiga, *nunca* poderá acontecer mais nada". Mas alguns dos melhores casamentos que existem começaram "somente" por causa de uma amizade.

Depois de não ver nenhuma abertura por parte dos dois, permaneci calado e não toquei mais no assunto. Mais dois ou três anos se passaram e, certo dia, minha irmã me ligou. "Estou apaixonada!", Rebecca falou. "Que ótimo! Por quem?", eu perguntei. A resposta veio direta: "Pelo Paul".

Menos de um ano depois, eu e meu pai, pastor John, em conjunto, celebramos o casamento dos dois. Foi um dia muito feliz para mim. Minha irmãzinha estava se casando com um grande amigo dela, Paul Perry.

A amizade é a base de qualquer amor para durar a vida toda. Paixão, ou o que às vezes é chamado de química, tem seu lugar. Sentir paixão é uma sensação maravilhosa, mas é como se fosse a cobertura do bolo, não a massa em si. O bolo todo é que sustentará a própria paixão a longo prazo, é a amizade e o compromisso um com o outro. Antes de ser um sentimento, amor é uma decisão. E é essa decisão que sustenta o sentimento para sempre.

Muitas pessoas tentam fazer com que o sentimento de estar apaixonado sustente o casamento. Com certeza o amor romântico e a paixão são importantes para o casal, mas são sentimentos que vão passar por altos e baixos. Haverá alguns momentos em que essas emoções serão mais fortes, e outros, com o stress do dia-a-dia, em que estarão com o nível bem baixo. Isso é natural.

*O romance pode ser nutrido, pode ser desenvolvido. Mas o fundamental para que um amor dure para sempre é a amizade.*

O romance pode ser nutrido, pode ser desenvolvido. Mas o fundamental para que um amor dure para sempre é a amizade. Quando existe amizade e um amor baseado em decisão, sabendo claramente que você escolheu sua companheira por admirá-la e respeitá-la, por ser seu amigo, por gostar da sua companhia, você pode enfrentar os altos e baixos dos sentimentos românticos com sucesso.

No momento em que percebermos que o dia-a-dia roubou um pouco da paixão, se houver uma base firme de relacionamento, é possível alimentar de novo a química, a paixão. Um fim de semana a sós, um jantar a luz de velas, uma caminhada de mãos dadas perto do mar... São mil coisinhas que podemos fazer para ver o amor romântico ressurgir com vitalidade.

É claro que você pode conhecer alguém e, de cara, sentir atração, a tal da química. Mas é fundamental que você desenvolva uma relação de amizade, de poder compartilhar sua alma, sentimentos e pensamentos para que essa pessoa se torne o amor da sua vida.

*Relacionamentos baseados em pura emoção momentânea não têm sustentação para durar. Seria o mesmo que construir uma casa sem alicerce.*

Relacionamentos baseados em pura emoção momentânea não têm sustentação para durar. Seria o mesmo que construir uma casa sem alicerce. Ela vai acabar caindo na primeira sacudida que levar.

Paixão é um sentimento maravilhoso, mas ao mesmo tempo pode ser muito traiçoeiro. Há um antigo ditado que diz que o amor é cego, e é a pura verdade. Por isso é imprescindível conhecer a pessoa independente dos seus sentimentos por ela. E é muito importante também ouvir a opinião das pessoas que você confia sobre o seu pretendente. Elas poderão ajudar você a avaliar o caráter e a autenticidade da vida dele com Deus.

A opinião dos seus amigos e parentes sobre a beleza da pessoa, sobre se eles gostam ou não da risada dela, do seu jeito de vestir, ou sobre qualquer outra coisa desse naipe, não deve ser levada em consideração. Mas a avaliação pura e sincera de pessoas confiáveis, que têm seus interesses em mente, ao se tratar da integridade e caráter da pessoa, deve ser ouvida, sim.

Nossas emoções são de fato pouco confiáveis nessa hora, pois o sentimento nos torna cegos. É muito difícil sermos objetivos quando há emoções tão fortes jorrando dentro de nossas almas. Nesse momento em que mais precisamos nos sujeitar a Deus e pedir sua direção, devemos ouvir as pessoas que nos amam, para o nosso próprio bem.

Observe o que a Palavra de Deus diz em Provérbios 13.10:

O orgulho só gera discussões,
mas a sabedoria está
com os que tomam conselho.

Podemos ver esse mesmo princípio confirmado no Novo Testamento, em Colossenses 3.16a:

Habite ricamente em vocês a palavra de Cristo;
e ensinem e aconselhem-se uns aos outros com
toda a sabedoria.

Você pode sentir atração e paixão logo no início, mas antes de avançar na relação a caminho do altar, deve primeiro conhecer bem a pessoa e desenvolver uma amizade com ela. Você precisa vê-la no seu dia-a-dia e tentar descobrir como ela é de fato.

*Há um antigo ditado que diz que*
*para conhecer alguém de verdade*
*precisamos comer um quilo de sal juntos.*
*Por que um quilo de sal?*

No início de um relacionamento é muito fácil nos encobrirmos com uma bela fachada. Mas há outro antigo ditado que diz que para conhecer alguém de verdade precisamos comer um quilo de sal juntos. Por que um quilo de sal? Porque demora um bom tempo para comermos tanto sal assim. E você precisa ter calma e um pouco de paciência para de fato conhecer a pessoa, e deixar uma bela amizade se formar antes.

Mas também é possível acontecer como no caso da minha irmã. Primeiro veio a amizade, depois floresceu o aspecto romântico. Com certeza, você pode ter muitas amizades puras e sinceras com o sexo oposto que nunca irão se transformar em amor romântico. Mas é possível que alguém que faça parte do seu círculo de amizade possa se transformar no amor da sua vida.

*Eu, pessoalmente, creio que um relacionamento que começa através de amizade espelha melhor os princípios bíblicos sobre esse assunto.*

Eu, pessoalmente, creio que um relacionamento que começa através de amizade espelha melhor os princípios bíblicos sobre esse assunto. Creio que o primeiro passo para alguém seguir os preceitos da Palavra e ter o amor da sua vida de uma forma abençoada e duradoura é sempre começar com uma bela amizade.

É importante haver alguma atração física? Sim, claro. Mas é incrível ver também que, quando se ama alguém, ela se torna a pessoa mais linda da face da terra para você.

Salomão e sua amada entendiam bem o preceito de serem amigos e amantes, como está escrito em Cântico dos Cânticos 5.16:

> Sua boca é a própria doçura;
> ele é mui desejável.
> Esse é o meu amado,
> esse é o meu querido,
> ó mulheres de Jerusalém.

# 3

# ESTOURANDO BALÕES

# 3

# Estourando balões

Existe tanta confusão quando o assunto é como encontrar o amor da sua vida, que precisamos esclarecer alguns pontos à luz da Bíblia. Há muitas falácias flutuando por aí, como se fossem mitos ou lendas urbanas que confundem muitas pessoas.

Então, vamos esclarecer algumas delas aqui. Você está disposto? Talvez possa doer um pouco na hora, mas garanto que no final será saudável e positivo estourar esses balões de bobagens e enganos e ficar livre deles para sempre.

Uma grande área de confusão é a expressão "Deus me revelou". Deus pode revelar algo a você? Claro que sim. Porém, há muito abuso nessa área que desejo esclarecer.

Um jovem pastor foi ministrar num congresso em uma igreja. Uma irmã solteira que participava do evento, a cada noite que o ouvia pregar, mais e mais se apaixonava por ele.

Na terceira noite, ela tomou coragem e resolveu abordar diretamente o pastor. "Eu tenho uma palavra profética para você", a moça disse sem rodeios. Em um tom bem sombrio, ela começou a falar com a voz impostada: "Eis que sou o Senhor Deus que diz, e essa jovem que está falando será sua esposa". O jovem pastor ficou muito chateado, e falou com a moça: "Escuta, mas eu sou casado, amo minha esposa e sou fiel a ela".

*Como é fácil haver confusão quando se trata da carência de nossas almas em ter alguém!*

Como é fácil haver confusão quando se trata da carência de nossas almas em ter alguém! A Bíblia diz que toda profecia deve ser julgada. É muito fácil, com as melhores intenções, quando nossos sentimentos estão falando muito alto, pensarmos que Deus disse algo sobre alguém, e acabar não sendo a verdade.

Conheço um rapaz que foi abordado por uma moça que disse: "Escuta, Deus me revelou que eu e você vamos nos casar". Ele olhou para ela, surpreso, e falou: "Irmã, fico muito lisonjeado com seu interesse, mas eu não sinto isso no meu coração". "Mas Deus me revelou, e você tem que obedecer a voz de Deus!", ela continuou insistindo.

Ele respondeu mais firme dessa vez, dizendo: "Irmã, não é assim que Deus age. Se fosse para ser, Ele teria falado comigo também". Nesse momento, frustrada, a moça falou numa voz tensa e quase gritando: "É Deus SIM! Você que é muito cabeçudo para ouvi-lo!".

O jovem ainda teve a compostura cristã de dizer, com calma, que ela estava enganada, e não deixou se influenciar por essa palavra falsa. Ainda bem que ele tinha maturidade em Cristo para saber que não é assim que funciona, porque muitos jovens já foram enganados por palavras exatamente desse tipo.

*Tome cuidado, pois algo bom e correto como o dom de profecia pode ser usado por pessoas enganadas como uma arma para manipular.*

Tome cuidado, pois algo bom e correto como o dom de profecia, pode ser usado por pessoas enganadas como uma arma para manipular. Não seja movido por revelações ou profecias apenas, mas ouça muito a suave voz de Deus falando ao seu coração.

Nessas horas, temos que tomar um cuidado redobrado e pedir conselhos à pessoas sábias, que podem nos ajudar a não cometer erros. Profecia, de qualquer ordem, não deve ser a única base para tomarmos decisões em nossas vidas. Ela deve confirmar o que Deus já falou ao seu coração, ou prepará-lo para algo que Ele ainda vai falar.

E sempre é necessário que a profecia venha acompanhada da confirmação de Deus, se não, é fácil agirmos direcionados por nossa própria carne. Uma condição fundamental é que a outra pessoa sinta a mesma coisa que você. Nunca devemos fazer nada baseados simplesmente numa profecia, porque deve haver confirmação no coração de ambas as partes que aquilo é do Senhor de fato.

*A profecia deve confirmar o que Deus já falou ao seu coração, ou prepará-lo para algo que Ele ainda vai falar.*

Deus pode dirigi-lo, dando uma revelação sobre alguém. Mas meu conselho é que você nunca desvele o que o Senhor lhe falou a outra pessoa enquanto não existir relacionamento entre os dois. A profecia deve ser guardada em seu coração, esperando a hora em que irá se cumprir, como Maria fez com as profecias sobre seu filho Jesus.

E a questão da lista? Muita gente me pergunta se deve fazer uma lista com as qualidades que deseja encontrar no futuro cônjuge. Uns dizem que é bom para liberar a fé, para pedir a Deus a pessoa exatamente com as características físicas que desejam, o tipo de personalidade, de carreira, enfim, tudo.

Isso é correto ou não? Bem, eu já encontrei pessoas que fizeram suas listas, e depois receberem exatamente da forma que pediram. E também o contrário já aconteceu. Elas tinham listas completas, receberam o oposto e ainda assim ficaram felizes e satisfeitas.

*Você deve fazer uma lista?*
*Não há motivos para não fazê-la.*
*Mas saiba que Deus é maior que*
*uma lista e o amor também.*

Tenho um amigo, pastor Scott, que trabalhou vários anos em nossa equipe ministerial quando era solteiro. Eu e ele conversamos sobre essa questão algumas vezes. Ele tinha uma listinha com as características da menina que queria para casar. Uma moça alta, com pele morena, eram os principais requisitos físicos que buscava. E o irônico é que quando se apaixonou pela Cíntia, que se tornou sua esposa, ela era de altura mediana, com pele clara!

Um dia, durante o tempo de namoro, Cíntia lhe perguntou: "Você tinha uma lista antes de me encontrar? Eu também tinha a minha, e você é tudo que eu queria: alto, loiro, olhos azuis, do jeitinho que pedi a Deus".

Scott olhou para Cíntia e, totalmente honesto como sempre foi a vida toda, falou: "Cíntia, de fato, você é o tipo físico oposto da minha lista. Mas eu estou totalmente apaixonado por você. Amo você demais". Ela olhou para Scott, e disse: "Que lindo! Você me ama do jeito que eu sou, apesar da sua lista".

Você deve fazer uma lista? Não há motivos para não fazê-la. Mas saiba que Deus é maior que uma lista e o amor também. No fim das contas, você pode acabar amando do fundo do seu coração alguém que não se encaixe na sua lista e ficar totalmente feliz.

> Todavia, como está escrito: "Olho nenhum viu, ouvido nenhum ouviu, mente nenhuma imaginou o que Deus preparou para aqueles que o amam"; mas Deus o revelou a nós por meio do Espírito.
>
> 1Coríntios 2.9,10

# 4

# E minha alma gêmea?

# 4

# E MINHA ALMA GÊMEA?

O termo alma gêmea pode transmitir uma idéia de romantismo e de sonho. Se ele for levado assim ao pé da letra, obviamente está sendo empregado de forma errada porque você nunca encontrará outra pessoa com a alma exatamente igual a sua.

Mas até que ponto devemos realmente procurar alguém idêntico a nós? Temos que ter tudo em comum? A resposta, graças a Deus, é *não*. Não é preciso ter tudo em comum. Não é preciso achar alguém idêntico a você.

E se você der início a uma busca por alguém muito semelhante a você, com certeza irá se frustrar, porque simplesmente essa pessoa não existe. E se por um momento parecer que você encontrou, vai descobrir ao longo do tempo que estava enganado.

> *Mas até que ponto devemos procurar alguém idêntico a nós? Temos que ter tudo em comum?*

A grande verdade é que é preciso, sim, encontrar alguém que compartilhe dos mesmos valores básicos que você possui e com quem tenha grande afinidade.

Inúmeras vezes me perguntam se alguém que está vivendo uma vida cristã precisa se casar com um cristão. A resposta é absoluta e clara: sim.

> *Tenho de me casar necessariamente com um cristão? A resposta é absoluta e clara: sim.*

Desde o tempo do Antigo Testamento as pessoas tinham a preocupação de se casar com alguém que também servisse a Deus. Até mesmo em Israel a questão de casamento não era racial, mas espiritual. Os israelitas eram proibidos de casar com alguém que fosse estrangeiro, para que essa pessoa não introduzisse a adoração de outros deuses no meio deles.

O pretendente não precisava ser da descendência física de Abraão para ser considerado judeu, mas compartilhar da mesma fé que ele tinha. Quem se convertia ao judaísmo era chamado de prosélito, como podemos ver em Atos 2.11, que fala de convertidos ao judaísmo de várias partes do mundo:

> Tanto judeus como convertidos ao judaísmo; cretenses e árabes. Nós os ouvimos declarar as maravilhas de Deus em nossa própria língua!

O princípio de não se envolver com um não-judeu era repetido vez após vez na antiga aliança, e quando por algum motivo ele era ignorado, sempre trazia miséria, maldição e desgraça.

Veja o caso de Sansão, em Juízes 16, para exemplificar o que aconteceu quando um homem de Deus se casou com alguém que servia a outros deuses. Ele se afeiçoou a Dalila, mesmo sabendo que ela não servia a Deus.

Sansão era alguém com um voto para servir ao Senhor, e um homem chamado para ser um juiz em Israel. Mas ao insistir em desenvolver um relacionamento errado, fora dos padrões do Senhor, com alguém que adorava ídolos, ele se abriu para que o inimigo pudesse atacá-lo e destruir sua vida.

Quando os príncipes dos filisteus souberam do seu envolvimento com Dalila, viram isso com uma brecha para poder vencer e matar Sansão. Assim, sugeriram que ela o persuadisse a contar de onde vinha sua grande força, e de como poderia ser amarrado e derrotado.

Ambiciosa, e de olho na enorme quantia de moedas de prata que lhe foi oferecida, não pensou duas vezes em trair Sansão e revelar o seu segredo aos filisteus.

O resultado todos nós sabemos. Sua cabeça foi raspada, o Senhor se retirou dele, perdeu a sua força e caiu nas mãos dos inimigos que o cegaram. De fato, além de sofrer a derrota, deu combustível aos príncipes para festejarem a vitória, atribuindo-a ao deus Dagon.

Depois, exposto à chacota popular e sem enxergar um palmo à frente do nariz, abraçou as colunas que sustentavam o templo, derrubando-o. E, em sua morte, acabou matando mais gente do que em todo o período em que viveu.

Mesmo tendo vencido muitos inimigos na morte, a sua perda foi uma tragédia para Israel, pois a nação ficou sem seu principal defensor e herói contra seus maiores inimigos. Sua atitude de se relacionar com alguém que não servia ao Deus verdadeiro trouxe destruição e desgraça não somente à sua vida, mas também deixou o povo que tanto contava com ele a mercê dos filisteus.

Da mesma forma, quando você insiste em se relacionar com alguém que não serve a Deus, está se abrindo à desgraça e à destruição, e um desfecho da sua história pessoal que é quase certo será tão triste e desastroso quanto o de Sansão.

No Novo Testamento também temos uma advertência forte sobre o relacionamento com um descrente:

> Não se ponham em jugo desigual com descrentes. Pois o que têm em comum a justiça e a maldade? Ou que comunhão pode ter a luz com as trevas? Que harmonia entre Cristo e Belial? Que há de comum entre o crente e o descrente? Que acordo há entre o templo de Deus e os ídolos? Pois somos santuário do Deus vivo. Como disse Deus:
> "Habitarei com eles
> e entre eles andarei;

serei o seu Deus,
e eles serão o meu povo".
Portanto,
"saiam do meio deles
e separem-se",
diz o Senhor.
"Não toquem
em coisas impuras,
e eu os receberei."

2Coríntios 6.14-17

*Para que um amor seja duradouro,*
*o relacionamento entre duas pessoas*
*precisa estar permeado de uma vida*
*ativa e real com Deus.*

Para que um amor seja duradouro, o relacionamento entre duas pessoas precisa estar permeado de uma vida ativa e real com Deus. E na hora de escolher seu futuro cônjuge, esse deve ser o critério principal.

Toda vez que eu vejo alguém quebrar esse princípio, com raríssimas exceções, o fim é sempre trágico. Muitas vezes a pessoa acaba se iludindo, e começa a racionalizar : "Eu vou conseguir trazê-lo para perto de Deus".

Mas quase sempre acontece o contrário. Você é que começa a correr o risco de se afastar do Senhor. Ao quebrar um princípio da Palavra simplesmente para as coisas acontecerem do seu jeito e conseguir um relacionamento mais rápido, você está se abrindo à maldição, ao engano e à tristeza. Se você mantiver um compromisso de procurar o amor da sua vida da forma correta, irá colher uma seara de bons frutos na sua vida por essa sábia decisão.

Você pode nesse momento estar perguntando: "Será que existe uma pessoa perfeita para mim?". Agora chegou a hora de fazer mais uma colocação muito importante: ninguém é perfeito.

*Será que existe uma pessoa perfeita para mim?*

Insisto em dizer que você pode encontrar alguém falho igual você, mas que compartilhe de uma fé viva em Deus, e que também tenha o compromisso de viver de acordo com os princípios da Palavra do Senhor.

Desde o primeiro pecado de Adão e Eva, não existe mais ninguém perfeito nesse mundo. O que existe agora são pecadores redimidos e lavados pelo sangue de Jesus, vivendo uma vida diária de busca da santidade no Senhor. Mas perfeição, não vamos achar aqui nesse mundo.

A falibilidade humana e a necessidade da constante busca do aperfeiçoamento ficam patentes nas palavras do apóstolo Paulo:

> Não que eu já tenha obtido tudo isso ou tenha sido aperfeiçoado, mas prossigo para alcançá-lo, pois para isso também fui alcançado por Cristo Jesus. Irmãos, não penso que eu mesmo já o tenha alcançado, mas uma coisa faço: esquecendo-me das coisas que ficaram para trás e avançando para as que estão adiante, prossigo para o alvo, a fim de ganhar o prêmio do chamado celestial de Deus em Cristo Jesus.
>
> Filipenses 3.12-14

# 5

# NÃO HÁ NINGUÉM AQUI NESSA CAVERNA

# 5

# NÃO HÁ NINGUÉM AQUI NESSA CAVERNA

Há uma história no Antigo Testamento que eu considero muito divertida. Em Juízes, capítulo 21, encontramos o relato de duzentos homens da tribo de Benjamim que não tinham esposas. Todas as mulheres haviam morrido e eles faziam parte de um remanescente de apenas seiscentos homens que sobreviveram.

As outras 11 tribos queriam ver a tribo de Benjamim se recuperar, para que não se extinguisse. Mas o dilema enfrentado pelos homens de Israel é que tinham jurado em nome do Senhor não dar suas filhas em casamento aos benjamitas.

*O dilema enfrentado pelos homens de Israel é que tinham jurado em nome do Senhor não dar suas filhas em casamento aos benjamitas.*

Então, os israelitas arquitetaram um plano: se os duzentos homens da tribo de Benjamim fossem a uma determinada festa, poderiam agarrar suas futuras esposas ali, e ninguém quebraria o juramento de não entregar suas filhas a eles.

Os benjamitas teriam que ficar escondidos nas vinhas, enquanto as virgens dançavam e, então, cada homem escolheria e capturaria uma, e ela teria de ser levada embora correndo para a terra deles. Essa moça capturada iria se tornar sua esposa.

*Com todo esse plano armado abertamente no país, será que essa informação não "vazou" para as meninas que foram à festa?*

O que eu acho divertido nessa história é o seguinte: com todo esse plano armado abertamente no país, será que essa informação não "vazou" para as meninas que foram à festa? Eu creio que sim, se é que conheço gente.

Então, essas garotas, sabendo que seriam agarradas para se tornarem esposas desses solteirões, ainda assim foram dançar. Na hora certa os benjamitas saíram do esconderijo, e cada um escolheu a sua futura esposa e saiu correndo.

Certamente agarrar moças em uma festa não é a melhor forma de conseguimos esposas hoje em dia, mas de fato funcionou naquela época, e todo mundo ficou feliz no final da história.

Não recomendo esse método de captura a ninguém, porque hoje não daria muito certo e você ainda seria preso como seqüestrador. Mas, sem dúvida, podemos extrair algumas idéias interessantes desse acontecimento.

*Essas meninas, para serem escolhidas, precisavam aparecer!*

Essas meninas, para serem escolhidas, precisavam aparecer! Elas tinham que ir a festa para dançar. Não podiam ficar em casa naquele dia, se quisessem ser escolhidas. E os homens, para encontrá-las, tinham que estar presentes e tomar atitude. Eles precisavam ter a coragem para agir na hora certa.

E, de fato, esse princípio presente na história de Juízes continua valendo até hoje. Para achar ou ser encontrado, você precisa estar presente! É necessário quebrar o que eu gosto de chamar de "a síndrome de caverna".

Quantas pessoas apenas ficam sentadas em casa noite após noite, sonhando ter alguém? Mas ficam na caverna do seu quarto, sem se exporem a nenhuma pessoa durante dias. E ainda reclamam que não encontram ninguém na caverna.

> *É necessário quebrar o que eu gosto de chamar de "a síndrome de caverna".*

Sabe por que não se relacionam? Porque a única pessoa presente na caverna é ela mesma. Se você quiser achar alguém, tem que sair daí logo. Está escuro e úmido aí dentro, vá pegar um ar fresco. Vá ao culto ou à festa dos jovens da igreja. Apareça onde tiver mais gente e aproveite a chance de colocar sua fé em ação.

Tudo é uma questão de agir de acordo com sua fé, como diz Tiago 2.26:

> Assim como o corpo sem espírito está morto, também a fé sem obras está morta.

Se existir fé, tem de haver ação também, ou sua fé é morta. Da mesma maneira, encontrar a pessoa de Deus para sua vida é um processo de fé: você precisa crer que Deus vai dirigi-lo à pessoa certa, mas também tem que agir de acordo, colocar essa sua fé para funcionar.

Deposite sua fé em Deus, e creia que Ele vai achar sua cara metade, mas aja de acordo com ela, procurando. A combinação desses dois elementos é que levará você ao sucesso.

*Deposite sua fé em Deus, e creia que Ele vai achar sua cara metade, mas aja de acordo com ela, procurando.*

Infelizmente, o que eu mais encontro atualmente são pessoas em um dos dois extremos. Há os que cruzam os braços e falam que têm uma promessa de Deus, e conseguirão o seu escolhido. Então elas permanecem extremamente passivas, e não fazem nada em prol do alvo que pretendem alcançar.

No outro extremo, as pessoas tendem a agir como Abraão e Sara, cuja pressa acabou resultando no filho Ismael, que se tornou uma maldição. Ismael foi fruto de uma tentativa do apressado casal de dar "uma mãozinha" para Deus.

Muitas pessoas agem da mesma maneira hoje em dia, em sua busca de encontrar alguém. Elas começam a "ajudar" Deus, tentando apressar as coisas. Parece que está demorando um pouco mais do que elas querem, então jogam alguns princípios bíblicos pela janela e tentam dar o seu próprio jeito.

Nenhuma dessas duas atitudes é a correta.

A maneira abençoada de encontrar um cônjuge é orar, pedindo que o Senhor o encaminhe até a pessoa certa, e estar constantemente sensível a voz de Deus no seu coração durante esse processo. Mas, ao mesmo tempo, você precisa colocar sua fé em ação e ser proativo. A terra prometida está a sua espera, mas é você que tem que avançar e "agarrar". Tenha fé, e com certeza sua bênção virá.

# 6

## CALMA, SUA BÊNÇÃO ESTÁ A CAMINHO

# 6

# CALMA, SUA BÊNÇÃO ESTÁ A CAMINHO

Um discípulo ministerial que tive há algum tempo, chamado Sharles Cruz, trabalhou em nossa equipe ministerial. Ele havia se frustrado com algumas tentativas de encontrar sua cara metade e, um dia, me pediu um conselho: "Pastor Gary, sinto que estou desperdiçando tempo a procura de alguém. Acho que ainda não é a hora para mim. No momento, queria investir minha vida estando totalmente focado no Senhor e na sua obra. Será que isso é válido?". Falei para ele que sim, que era totalmente válido separar um tempo da vida para a obra do Senhor como solteiro, mesmo tendo intenções de casar.

Sharles resolveu seguir o meu conselho. Dedicou-se a trabalhar em nossa equipe ministerial, fazer o *Seminário Teológico Cristo para as Nações* e abrir uma igreja na região de Venda Nova, na grande Belo Horizonte.

> *No momento, queria investir minha vida estando totalmente focado no Senhor e na sua obra. Será que isso é válido?*

Passaram-se em torno de três anos, e dava para ver que Sharles estava muito feliz nessa fase da vida dele, trabalhando para Deus. Não se preocupou em namorar e, nesse período, nem focou sua atenção em moças, mas em servir seu Senhor.

Porém, chegou um momento que senti no meu coração: "Acho que agora está na hora do Sharles ter alguém na vida dele". Um dia, lhe perguntei: "Sharles, sei que você tem desfrutado bem desse tempo focado de forma integral na obra de Deus, mas será que não está na sua hora de pensar em procurar alguém"?. Ele me respondeu: "Pastor Gary, tenho pensado exatamente nisso. Acho que está na hora, sim".

Então, eu lhe disse: "Vamos orar". Eu e Sharles oramos para que Deus pudesse guiá-lo ao amor da sua vida, a pessoa que viria complementar sua vida e ministério.

Pouco mais de um mês depois, estávamos participando de um jantar de formatura de uma turma do *Seminário Cristo para as Nações*. No início do jantar, Sharles estava sentado à mesa da equipe. De repente, ele sumiu.

Quando fui me servir no balcão, eu o vi em outra mesa, acompanhado de uma linda jovem. Parei, disse "oi" e ele me apresentou a Ana Paula. Depois comentei com ele, dando uma risada de alegria: "Você fez uma boa escolha. Ao invés de ficar conosco, foi sentar-se ao lado da Ana Paula".

Em menos de doze meses, eu, em conjunto com o pai do Sharles, pastor Geraldo Cruz, realizamos o casamento dos dois. Hoje, após vários anos de casados, o pastor Sharles Cruz vive uma vida de grande felicidade ao lado de sua esposa. Eles formam um bonito casal de "eternos namorados" até hoje. Como dizem por aí: "O amor é lindo".

Deus tem a hora certa para tudo. Que bom que Sharles soube esperar o tempo de Deus! O Senhor o abençoou com uma maravilhosa esposa, pois ele soube colocar em ação a passagem bíblica que diz:

Deleite-se no Senhor,
e ele atenderá aos desejos do seu coração.
Salmo 37.4

Existe um grande paradoxo no processo de procurar o amor da sua vida.

É que, para encontrá-lo, você precisa estar feliz e contente enquanto solteiro. Quanto mais você se focar no fato de querer se casar, e em como está ruim viver como solteiro, menos chances terá.

*O sexo oposto é, de modo geral,
atraído por pessoas felizes e abençoadas,
pessoas que são para cima.*

Isso acontece porque o sexo oposto é, de modo geral, atraído por pessoas felizes e abençoadas, pessoas que são para cima. E se você deixa seu desejo de casar se tornar uma pressão exacerbada na sua vida, algo que faz com que se sinta insatisfeito, esse sentimento vai acabar puxando você para baixo, e vai atrapalhar.

Conhecendo os princípios da Palavra de Deus, você descobrirá que estar solteiro pode ser um momento muito feliz, compensador e frutífero. Você poderá ser um solteiro feliz e depois se tornar uma pessoa casada e usufruir a mesma felicidade, com a diferença que passará a ter alguém com quem compartilhar sua alegria.

# 7

# DEUS CRIOU VOCÊ COM UM PROPÓSITO

# 7

## DEUS CRIOU VOCÊ COM UM PROPÓSITO

É muito importante ser autêntico, ser quem realmente é. Você é uma pessoa especial e única, não importa quais dons e talentos tenha. Deus o criou como uma pessoa singular e você deve deixar isso transparecer. Não estou falando em ser arrogante: arrogância é se achar melhor do que os outros.

*Deus o criou como uma pessoa singular, e você deve deixar isso transparecer.*

Você deve, sim, se sentir confiante: ter confiança que Deus de fato o criou como uma pessoa especial, que pode sempre trazer um valor agregado, da sua própria maneira, às pessoas que ama.

Confie sempre que Deus não o criou à toa: Ele tinha um propósito todo excelente. Saber disso, e ter uma atitude que reflete esse pensamento, vai trazer alegria e um brilho distinto ao seu rosto, fazendo com que as outras pessoas queiram estar perto de você. Isso é importante também para seu próprio bem estar, além de ser um princípio forte da Palavra de Deus.

Em Efésios 1.3-5 vemos que você foi escolhido por Deus para ser uma pessoa abençoada:

> Bendito seja o Deus e Pai de nosso Senhor Jesus Cristo, que nos abençoou com todas as bênçãos espirituais nas regiões celestiais em Cristo. Porque Deus nos escolheu nele antes da criação do mundo, para sermos santos e irrepreensíveis em sua presença. Em amor nos predestinou para sermos adotados como filhos, por meio de Jesus Cristo, conforme o bom propósito da sua vontade.

Ao mesmo tempo, essa atitude de saber que é especial, selecionado por Deus para ser bênção, fará com que você seja muito mais atraente quando se encontrar com possíveis candidatos a serem o amor da sua vida. Você será uma pessoa que transmite bênçãos e graça, não importando se já encontrou esse amor ou não. Para isso, basta ter Cristo no seu coração.

Decida agora que você vai ser feliz enquanto solteiro, e pode ter certeza que quando chegar a hora de encontrar o seu escolhido, vai ser simplesmente um processo de ir de bênção em bênção.

As Escrituras dizem em Eclesiastes 3.1:

Para tudo há uma ocasião certa;
há um tempo certo para cada propósito
debaixo do céu.

Deus tem a hora certa para tudo. Enquanto você é solteiro, seja feliz e contente. E quando Ele mandar o amor da sua vida, vai ser exatamente a ocasião certa. Até esse momento chegar, aproveite esse tempo para ser abençoado por Deus.

*A promessa de Deus chega exatamente na hora certa. Espere com paciência, que sua bênção está a caminho.*

Ás vezes, a promessa de Deus pode parecer que está tardando, mas isso é uma mentira do Inimigo. A promessa de Deus chega exatamente na hora certa. Espere com paciência, que sua bênção está a caminho.

E foi assim que, depois de esperar pacientemente, Abraão alcançou a promessa.
Hebreus 6.15

## Sobre o Autor

Gary Haynes é pastor, doutor em teologia e conferencista internacional. Filho de missionários americanos, foi naturalizado cidadão brasileiro no ano de 2000.

É presidente e fundador do *Seminário Cristo Para as Nações* e da *Editora Atos*.

Autor consagrado de *bestsellers*, escreveu também "O Poder da Língua", "O Segredo do Sucesso", "Aventuras com Deus", "A Chave da Bênção de Deus", "Homem com 'H' Maiúsculo", "Vitória Certa na Pior Crise" e "Restaurando o Coração Ferido".